Manual para la

Gestión de la Innovación

1ra Edición

Jeffrey Orozco
Keynor Ruiz
Rodrigo Corrales

CINPE

CENTRO INTERNACIONAL DE POLÍTICA ECONÓMICA
PARA EL DESARROLLO SOSTENIBLE

Global South
PRESS

UNA
UNIVERSIDAD NACIONAL
COSTA RICA

– 2016 –

Manual de la Gestión de la Innovación

By OROZCO, Jeffrey & KEYNOR, Ruiz & CORRALES, Rodrigo

—1st ed. — 2016

Includes bibliographical references and index

ISBN: 978-1-943350-56-8

1. Business — Business and Administration

2. Business— Innovation

3. Business — Textbook

Bulent Acma, Ph.D.
Anadolu University, Eskişehir, Turkey.

Flavio Saraiva, Ph.D.
Universidade de Brasília, Brasilia, Brazil.

Helmunt Schlenter, Ph.D.
Institute for Global Dialogue, Pretoria, South Africa.

Tullo Vigevani, Ph.D.
Sao Paulo State University, Sao Paulo, Brazil.

Monica Arruda Almeida, Ph. D.
Georgetown University, Washington, D.C., United States of America.

Yong J. Wang, Ph.D.
Ohio University, Columbus, United States of America.

Chih-yu Shih, Ph.D.
National Taiwan University (ROC), Taipei, Taiwan.

Irene Klumbies, Ph.D.
Jacobs University Bremen, Bremen, Germany.

Sai Felicia Krishna-Hensel, Ph.D.
Center Business and Econ. Develop., Auburn University, Montgomery, United States of America.

José Álvaro Moisés, Ph.D.
Universidade de São Paulo (USP), São Paulo, Brazil.

Martina Kaller, Ph.D.
Standford University, California, United States of America

ÍNDICE

INTRODUCCIÓN

"Innovación es el hacer cosas nuevas, o bien el hacer cosas que ya se estén haciendo, pero de una forma distinta". (Schumpeter, 1947:151).

Un sólo razonamiento, el simple hecho de preguntarse: "¿Qué producir?", puede conllevar la transformación de los sistemas productivos globales. La lógica de producción sugiere, de esta manera, una dinámica progresiva de cambio y novedad constantes. Aunado al posicionamiento en los mercados y a la competitividad, nuevos métodos de innovación son implementados diariamente con el propósito de lograr la diferenciación en productos y procesos.

Desde las experiencias más radicales como las de *Standard Oil* y *Ford* (a finales del siglo XIX e inicios del XX), hasta los casos más recientes en la industria del *software* y las telecomunicaciones; o bien, las acciones para promover una producción más limpia y amigable con el ambiente; algunas de estas iniciativas representan hitos importantes en la transformación de los sistemas productivos. A consecuencia de ello, la novedad y el cambio se han convertido en factores determinantes para el desarrollo económico y social.

La gestión de recursos –como parte de un sistema económico global que se encuentra en aprendizaje constante-, torna necesaria la puesta en práctica de procesos de innovación (entendidos como pilar estratégico de las empresas), y sugiere la optimización de su desempeño: utilizando como insumos la difusión de ideas y de conocimiento; así como la creatividad de su fuerza de trabajo.

La capacidad gerencial sobre los recursos económicos y humanos -la dirección empresarial hacia la mayor creación de nuevas ideas y conocimiento *'embedded'*, es lo que se entiende como la gestión de la innovación per se.

Este documento pretende impulsar el pensamiento empresarial en términos estratégicos para la innovación. Ello implica: posible acceso a nuevos mercados, impulso de procesos productivos más eficientes, métodos de comercialización, e incluso, promoción de mejores formas de organización del trabajo en las empresas.

A través de un planteamiento modular, la siguiente guía pretende brindar las herramientas para entender los procesos que conllevan a la innovación en las empresas y la gestión de estos procesos en aras de promover estratégicamente las actividades de innovación y a los trabajadores como gestores de las mismas. La innovación, por tanto, puede representar una estrategia de crecimiento empresarial inclusivo.

MARCO CONCEPTUAL

Los sistemas económicos y sociales globales han sido objeto de transformaciones constantes a lo largo de los años: un fenómeno que ha contribuido al surgimiento de lo que se ha entendido como una 'nueva economía'. Según Lundvall (2002), este término hace referencia a una economía caracterizada por el manejo del conocimiento. La capacidad de aprender lo necesario y olvidar lo obsoleto.

Este argumento da paso al abordaje de la Economía Basada en el Aprendizaje, haciendo referencia a una economía caracterizada por la consciente intencionalidad de crear capacidades de aprendizaje -lo cual es la base sobre la que se cimenta la absorción de conocimiento y por ende nuevas habilidades y competencias que alimenten las iniciativas innovadoras. (Ruiz y Dierckxsens, 2010).

La innovación representa una fuente importante de crecimiento económico al ser la clave determinante de ventajas competitivas para muchas organizaciones (Lam, 2012). No sólo apuesta a la reducción de costos de producción a través de nueva tecnología, sino que además mejora los procesos productivos, la forma en cómo se organiza el trabajo, la comercialización de los bienes y servicios y, por supuesto, la inserción a nuevos mercados.

En este sentido, la innovación debe verse como un proceso interactivo, cuyos resultados dependen de las relaciones entre las diferentes empresas, organizaciones y sectores; así como de comportamientos institucionales profundamente arraigados en cada historia regional o nacional (Johnson & Lundvall, 2003).

Precisamente, el término innovación hace referencia a un mecanismo impulsor en el desarrollo de nuevos productos, procesos, organización del trabajo o actividades de comercialización. Estos procesos de innovación surgen muchas veces a raíz de la difusión del conocimiento y de los espacios interactivos de aprendizaje, entendidos estos últimos como situaciones que ofrecen oportunidades para aprender a diversos actores cuando interactúan en la búsqueda de soluciones a un problema dado, involucrando organizaciones, personas variadas y ámbitos diversos (Arocena & Sutz, 2002).

La innovación no se aísla únicamente a los cambios en los productos ofertados, sino que abarca la innovación de procesos concentrada en los cambios sobre el 'cómo' son producidos los bienes y servicios; ya sea en lo que respecta a nuevos procesos tecnológicos, o bien, de la forma en cómo se organiza el proceso de producción y se comercializa el producto final, tal y como se muestra en la Figura 1.

Figura 1. Taxonomía de las Innovaciones

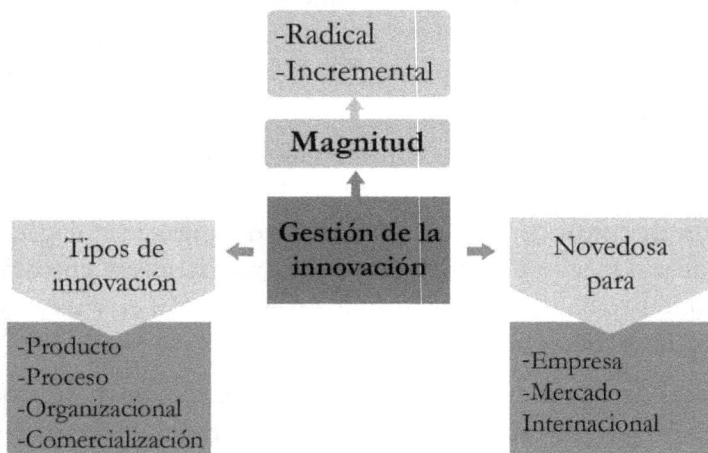

Fuente: Elaboración propia. 2014.

Cuadro 1. Tipos de Innovación

Tipos de innovación	Fueron novedosas para
- **Producto (bienes o servicios):** Todo lo relacionado con modificaciones a las características de los productos ya existentes o al surgimiento de nuevos productos. - **Proceso:** Todo lo relacionado al proceso productivo y cómo se produce. - **Organización:** Todo lo relacionado a cómo se organiza y articula el trabajo de las distintas áreas de la empresa. - **Comercialización:** Todo lo relacionado a cómo la empresa se vincula con sus clientes o con el mercado (distribución, modalidades de venta).	- **Empresa:** Esto en caso de que ya se conoce en el mercado. - **Mercado local o nacional:** Cuando no se conoce la innovación en el país, pero en el exterior sí, se emplea el proceso, venden el producto o utilizan la técnica de organización o comercialización en cuestión. - **Mercado internacional:** Se trata de un producto, proceso o técnica no conocidos para el sector o rama industrial a nivel mundial.

Fuente: Manual de OSLO, 2012.

Con base en la Figura 1, otro aspecto importante se refiere a la pregunta: ¿Para quién es novedosa la innovación? Para aquellas empresas que obtienen una innovación radical, es claro determinar que ésta es novedosa para el Mercado Internacional, pues en el mundo no existía anteriormente. En el caso de las innovaciones incrementales, estas pueden ser novedosas para el mercado nacional, si aún no existía en el mismo. En el caso de que la innovación existe en el mercado interno, la empresa está innovando para sí.

Es importante distinguir entre la naturaleza continua -o discontinua- de los procesos de innovación; así como la magnitud de los impactos que generan: siendo por ello que se debe distinguir entre innovaciones incrementales y radicales.

Las innovaciones incrementales consisten en leves cambios y mejoras que contribuyen, en un marco de continuidad, al aumento de la eficiencia en el sistema productivo; incorporando nuevamente cambios en los procesos, en la organización, comercialización o en el producto como tal.

Las innovaciones radicales, por su parte, se caracterizan por acciones completamente diferentes a las que ya existen, incluyendo, verbigracia, cambios revolucionarios en la tecnología; por lo que pueden representar puntos de inflexión para las prácticas existentes.

Estas innovaciones pueden lograr cambios drásticos en el *modus operandi* de las empresas, o bien, incluir en el mercado un producto sumamente novedoso, que revolucione -o incluso cree- la industria donde se ubica.

El término "innovación" puede referirse a múltiples entornos y no está sujeto a un sólo tipo de cambio o modificación. La conceptualización de la innovación desde los enfoques evolucionistas ha presentado distintas aristas, por lo que a continuación se presentan algunas de las definiciones de innovación que más se ajustan al entorno empresarial en el que se centra este documento.

Para Schumpeter, la innovación consistía en "la posibilidad de producir una nueva mercancía o bien, producir una mercancía ya existente, pero de una forma nueva por medio de la apertura a una nueva oferta de materiales e insumos, por medio de la reorganización de la industria, etc." (Schumpeter, 1934:132). No obstante, Schumpeter también hace hincapié en los diferentes tipos de innovación que existen, distinguiendo las innovaciones de producto y proceso, siendo la primera "la introducción de un nuevo producto o una nueva característica en el mismo", mientras que la segunda se refiere a "la introducción de un nuevo método de producción o a nuevas formas de manejar una mercancía comercialmente". (Schumpeter, 1934:66).

Otros autores definen la innovación como "una mejor cosa que hacer o una mejor forma de hacerlo, para lo cual se incremente la habilidad de la organización para alcanzar sus objetivos; pudiendo ser algo muy básico: como el cambio en un procedimiento, en un sistema de distribución; o bien, algo más complejo como la inserción a un mercado completamente nuevo" (Webster, 1990:209).

Para Lundvall (1992), la innovación es el resultado de un proceso en curso de aprendizaje de búsqueda y exploración; del cual pueden resultar nuevos productos, técnicas, organizaciones, cambios institucionales y nuevos mercados.

Por último, una de las definiciones más amplias es la que aborda Edquist (1997:1) en donde la explica como "las nuevas creaciones de significancia económica; las cuales pueden ser totalmente nuevas o nuevas combinaciones de elementos ya existentes".

Entendido el concepto de innovación como tal, es importante entonces hablar sobre los mecanismos para propiciarla y gestionarla. Según Orozco (2004), los procesos de aprendizaje e innovación toman lugar en la interacción entre varios tipos de actores (empresas, gobierno, instituciones de conocimiento, ONGs, entre otros); mostrándolo a su vez cómo una mezcla compleja de factores económicos, sociales, políticos, institucionales y tecnológicos; influenciando los procesos de creación de capacidades entre los actores clave y por tanto el desempeño de las firmas.

Es por eso que la gestión de la innovación, según lo definen AIN (2008), es la organización y dirección de los recursos económicos y humanos con el fin de aumentar la creación de nuevo conocimiento, la generación de ideas que permitan obtener nuevos bienes, servicios y procesos; o bien, mejorar los ya existentes; así como la transferencia de esas mismas ideas a las fases de producción, distribución y uso.

El enfoque de Sistemas Nacionales de Innovación (SNIs) (Lundvall, 1992; Freeman 1987; Nelson, 1993; Edquist, 1997), brinda una perspectiva útil sobre la concepción de la innovación en su generación y difusión en las empresas, productos de esas interrelaciones con otros agentes económicos y de la existencia de mecanismos que permitan per se gestionar las iniciativas innovadoras.

Según Arocena & Sutz (2002:5) los factores más sobresalientes e importantes del enfoque de SNIs, son los citados a continuación:

- Ofrece una perspectiva que toma en cuenta múltiples actores sociales, que permite superar la contraposición esquemática entre Estado y mercado, y da libertad en la investigación para incorporar más agentes dentro de la dinámica de desarrollo.

- Destaca la importancia de una variedad de aspectos, no sólo económicos sino también políticos, institucionales y culturales.

- Se enfoca hacia ciertos procesos concretos de interacción entre actores y organizaciones, ofreciendo un marco general para su estudio.

- Ilumina el estudio de rasgos característicos de la innovación en los países en desarrollo; contribuyendo a la revitalización del pensamiento sobre el desarrollo, cuyo cometido definitorio es el análisis global e interdisciplinario de las especificidades de la condición periférica (como solía decirse en América Latina).

Asimismo, la utilidad de los SNIs yace en el hecho de constituirse como una herramienta analítica que sirve de guía para la elaboración de políticas, en tanto se ha llegado a reconocer que el papel del conocimiento y los problemas de la transferencia de conocimientos han sido subestimados en la teoría y en la política de desarrollo (Arocena & Sutz, 2002).

Tal y como argumentan Johnson & Lundvall (2003), el principal motivo para pensar en términos de Sistemas de Innovación (SIs) es el poder comprobar que la innovación es un proceso interactivo, cuyos resultados dependen de las relaciones entre los diferentes actores (empresas, organizaciones y sectores); así como de comportamientos institucionales profundamente arraigados en cada historia regional o nacional. El carácter holístico de este enfoque, a través del aprendizaje y la interacción, lo vuelve aplicable a la situación de los países en desarrollo; adaptando y extendiendo la teoría mediante el concepto de creación de capacidades y competencias -tal y como se comprueba en estudios previos realizados por Ruiz (2007).

La forma en cómo esté organizado el trabajo a lo interno de las empresas, representa un elemento clave en la incidencia de actividades innovadoras. La interacción patrono-trabajador y entre los trabajadores mismos, en conjunto con el grado de conocimiento que tienen sobre las labores de las empresas, implicará tener una propensión mayor o menos hacia la innovación. Lam (2002), expone una taxonomía sobre las diferentes formas de organización del trabajo, según la forma en como el conocimiento es difundido entre la fuerza laboral y en cómo este forma a ser parte de la empresa.

A nivel organizacional, el conocimiento se integra a la empresa según los roles de trabajo y el comportamiento de los individuos, es decir, con base en la estructura social que se constituye en el ambiente de trabajo. En el cuadro 2, se resume dicha taxonomía con sus principales características.

Cuadro 2. Criterios para la definición de organizaciones del trabajo según taxonomía de Lam

Professional Bureaucracy	Machine Bureaucracy	Operating Adhocracy	J-form
Individuos altamente capacitados.	Estandarización del proceso de trabajo.	Se basa en el conocimiento *know-how*[*] y en habilidades para la resolución práctica de problemas por parte de la experiencia individual.	Estructura de trabajo orgánica, no jerárquica.
Alto grado de autonomía.	Marcada división del trabajo.	Poca estandarización del conocimiento.	Coordinación alcanzada vía coordinación horizontal y ajuste mutuo.
Se basa en la educación formal y la capacitación.	Alta supervisión.	Equipos de proyectos organizados en el mercado a base *ad-hoc*.	Fuerte cultura corporativa y de identidad compartida.
Alto grado de especialización.	Conocimiento formal mínimo.		

Fuente: Elaboración propia con base en Lam (2002).

[*] El tipo de conocimiento *know-how* se refiere a las habilidades propias de cada persona, incluso las de elegir y usar la información poseída, por lo que le infiere más al conocimiento personal (Gregersen y Johnson, 2001).

Cuando el proceso de aprendizaje de los trabajadores dentro de las empresas se da por mecanismos de educación formal y se es altamente dependiente de las destrezas y habilidades cognitivas de los individuos, la organización del trabajo se encuentra definida por lo general de forma jerárquica y compleja, con un alto grado de especialización.

Este tipo de organización se denomina *Professional Bureaucracy*, tipología que caracteriza a aquellas organizaciones donde el conocimiento permanece en una esfera tan individual —escasa interacción por roles de trabajo focalizados y especializados— que puede inhibir la capacidad de aprendizaje e innovación en las empresas.

En casos donde el conocimiento es compartido en la organización a través de reglas escritas, procedimientos y otros sistemas formales de información, constituye un tipo de organización que trabaja más a nivel *societal*, donde se crean las rutinas organizacionales y las reglas de coordinación del trabajo en las empresas, intentando estandarizar las funciones de los trabajadores, además de poseer control por parte de los que institucionalizan las relaciones de trabajo.

Esta organización es denominada por Lam (2002) como *Machine Bureaucracy*, y constituye una organización que funciona bien para rutinas creadas por la administración, y de esta manera desincentiva la novedad y el cambio.

El tercer tipo de organización del trabajo, *Operating Adhocracy*, se basa en un conocimiento individual y tácito, orientado a la acción y a ser mucho más práctico. La difusión y creación de conocimiento en la organización del trabajo se da a través de la experiencia y el entrenamiento basado en relaciones de aprendizaje y en conocimiento particular. Acá las relaciones sociales y las interacciones dan lugar a formas de organización de las rutinas de comportamiento, dentro de una estructura social de coordinación.

Por basarse más en el conocimiento tácito, se considera que es de poca estandarización y más basada en conocimiento *know-how*, lo que la vuelve práctica y con habilidades para la resolución de problemas. El conocimiento tácito se genera por medio de la interacción e incluso por un proceso de prueba y error, y existe cierto grado de autonomía de cada trabajador en su labor: lo que podría desencadenar eventualmente iniciativas innovadoras.

Por último, se encuentra el tipo de organización denominada *J-Form Organization*, la cual se encuentra construida en rutinas, hábitos y normas que no pueden ser fácilmente transformadas en sistemas de información, donde la difusión del conocimiento se produce en gran medida a través de la interacción social y es compartido por formas culturales.

Esta forma de organización permite una estructura de equipo no jerárquica y más orgánica para operar de manera paralela a la estructura administrativa, lo que le da cierta capacidad para generar, difundir y acumular conocimiento tácito a través de la interacción en procesos de 'aprender haciendo'; logrando que el conocimiento se pueda integrar a la forma orgánica de las empresas de manera colectiva y que las interacciones, las relaciones culturales compartidas y la difusión del conocimiento entre los trabajadores, propicie el entorno necesario para realizar innovaciones, sobre todo de tipo incremental.

Por otra parte, involucrar a los trabajadores como pieza clave en los procesos de innovación trae a la mesa la discusión sobre los beneficios de la innovación. La disyuntiva presente en los procesos de innovación es dilucidar quiénes se benefician realmente con la innovación.

Desde un enfoque Schumpeteriano tradicional, la innovación incrementará la desigualdad al generar beneficios monetarios únicamente a los innovadores y posiblemente a sus clientes (Paunov, 2013:9); o bien, como lo indica Lundvall (2010), la innovación puede generar resultados de polarización e incremento de disparidades, riesgo de divergencia regional y exclusión social.

Para intentar incorporar al análisis de los procesos de innovación variables de inclusión social que conviertan a la innovación en un proceso más colectivo y menos individualizado, la literatura introduce el concepto de la Innovación Inclusiva.

Según Cozzens & Sutz (2011), la innovación para el desarrollo inclusivo es más un proceso de mejora de los medios de vida y las capacidades entre las personas que están siendo actualmente marginadas: el objetivo deja de ser únicamente la generación de ingresos, privilegiando la realización de las tareas cotidianas eficazmente.

Tal y como lo refuerza Von Hippel (2005:77), en la medida en que los individuos (como usuarios y como innovadores), se beneficien del proceso de formulación o modificación de un producto -así como del producto ya desarrollado-, estos individuos estarán anuentes a innovar incluso cuando los beneficios meramente económicos que se esperan del producto sean relativamente bajos.

Cozzens & Sutz (2011:8), explican que "la identificación de las actividades de innovación como actividades de resolución de problemas, permite la fácil integración de la innovación en un ambiente informal en el marco de análisis de los estudios de innovación "clásicos". Este paso lleva a una asociación diferente entre la innovación y el desarrollo, al no centrarse por completo en las consecuencias económicas de la innovación, sino que ahora incluye el concepto de medios de vida sostenibles".

Este cambio de énfasis implica que, posiblemente, la innovación estará directamente en las manos de los interesados en la solución de los problemas; convirtiendo a los actores de ambientes informales en los protagonistas de la innovación (Cozzens & Sutz, 2011).

ESTRUCTURA MODULAR

Los núcleos temáticos en los que se desarrolla la presente guía se encuentran divididos en un total de cuatro módulos:

la innovación como estrategia, la gestión de ideas y conocimiento, la innovación en la práctica y herramientas para la innovación. En la figura 2 se presenta un resumen de los diferentes módulos, incluyendo una breve descripción de su propósito.

Figura 2. Estructura Modular

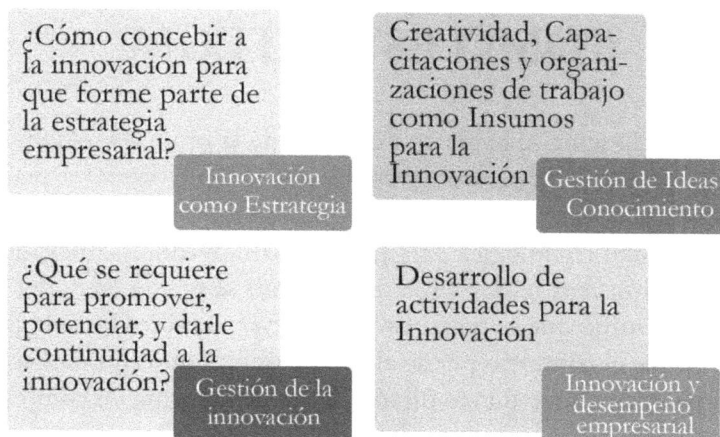

¿Cómo concebir a la innovación para que forme parte de la estrategia empresarial?
Innovación como Estrategia

Creatividad, Capacitaciones y organizaciones de trabajo como Insumos para la Innovación
Gestión de Ideas Conocimiento

¿Qué se requiere para promover, potenciar, y darle continuidad a la innovación?
Gestión de la innovación

Desarrollo de actividades para la Innovación
Innovación y desempeño empresarial

Fuente: Elaboración propia para "Manual para la Gestión de la Innovación".

Dentro de cada módulo se retomarán los principales conceptos abordados a partir del marco teórico, para poder entender su aplicabilidad dentro del entorno empresarial. Asimismo, al final de cada módulo se podrá encontrar actividades de discusión como ejercicios prácticos sobre los temas discutidos en cada apartado, en aras de poder vincular la teoría a la realidad de las empresas; logrando así la interiorización del proceso de innovación en la mente empresarial.

MÓDULO I: LA INNOVACIÓN COMO ESTRATEGIA

Erróneamente se habla en ocasiones de la innovación como un proceso exclusivo de mejoras tecnológicas, lo que de cierta manera desalienta a los agentes económicos que creen que requieren de una gran capacidad tecnológica para poder ser innovadores. Apegándose a la definición más básica de la innovación, se puede entender que no es un término que se centre únicamente en cambios tecnológicos, sino que por el contrario puede abarcar cambios en múltiples aspectos tanto en lo que se quiera ofrecer, hasta de la forma en cómo producir; o bien, cómo organizar el trabajo a lo interno de las empresas.

Desmitificando su concepción aislada sólo al entorno tecnológico, se puede a su vez ampliar el panorama de quiénes son los agentes económicos que innovan dentro de las empresas. Si bien es cierto que existen casos donde las actividades de innovación se centralizan a los especialistas de las áreas de investigación y desarrollo (I+D) o incluso a los mismos dirigentes de las compañías (gerentes, dueños, administradores), no se puede dejar de lado que la innovación puede convertirse en un proceso más inclusivo en el que todo el equipo de trabajo pueda ser un generador de ideas y propuestas para cambios y mejoras en el producto o en los procesos productivos.

Recuadro 1. Concepción de la Innovación.

Entender que la innovación no se refiere únicamente a cambio tecnológico permite ampliar el panorama sobre los eventuales cambios beneficiosos que se pueden generar en las empresas y además, comprender que todo el personal de trabajo puede ser partícipe de estos cambios gracias a la experiencia adquirida dentro del entorno laboral.

Las ideas de los trabajadores constituyen un insumo para la innovación, en tanto sean semillas germinadoras de cambio y novedad. Sin embargo, las ideas no deben estar aisladas, sino que por medio de la comunicación de estas en la interacción entre trabajadores es posible alimentar y entremezclar esas ideas para que se transformen en estrategias concretas para la empresa.

Esta generación de ideas no se debe menospreciar sólo porque no constituya un conjunto de 'ideas para el mercado.' Es decir, acciones que se traduzcan de manera casi predeterminada en ganancias económicas. Las ideas que fundamenten las actividades de innovación son ideas de valor en tanto vayan dirigidas a cambios que potencian mejoras para las empresas; o bien, para los agentes que se involucran directa o indirectamente con ellas. Es por eso que la innovación puede dirigirse al producto o servicio que se ofrece, al proceso de producción de ese bien o servicio, la forma en cómo se organiza el trabajo a lo interno de las empresas (donde se involucra tanto el área operativa como administrativa) y a la forma de comercialización de lo que se produce.

ACTIVIDAD I: ¿QUÉ ES INNOVACIÓN?

Luego de la charla magistral sobre la conceptualización de la innovación, los participantes del taller verán el video titulado "¿Qué es la Innovación?" y a partir de lo acá expuesto, se formarán grupos de trabajo los cuales contarán con un total de 30 minutos para discutir su propia conceptualización de la innovación. Además, se solicitará que hagan un listado de acciones realizadas en sus propias empresas que sean consideradas por ellos como una innovación, dando respuesta a las siguientes interrogantes:

- ¿De dónde surgió la idea?

- ¿Quién(es) fueron los responsables de la idea?

- ¿Por qué surgió la idea? ¿Cuál fue su contexto?

- ¿Cómo se ejecutó la idea? ¿Quién la ejecutó?

- ¿Qué elementos tomó en cuenta para considerarlo como una innovación?

- ¿Responde la acción a un cambio o mejora en el producto/servicio, en el proceso de producción, en la organización del trabajo o en la comercialización?

- ¿Cómo se relaciona la acción ejecutada con la calidad general de los procesos? ¿Aparte de las posibles mejoras en producto y/o procesos; qué otros procesos generaron en la organización del trabajo?

ACTIVIDAD ADICIONAL: INTRODUCCIÓN A LA INNOVACIÓN

A continuación, se detalla la metodología de aplicación de la actividad adicional para el primero módulo:

Recuadro 1. Metodología Actividad Adicional Módulo 1

Módulo 1.	*Momento 1*
Actividad Participativa. Los globos presentadores	
Duración: 30 minutos Explicación y organización de grupos: 5 mins Discusión en grupos: 25 mins	Materiales: Globos

22

	Contenidos:
Tema: Estrategias de innovación	• Aplicar este concepto implica un proceso previo de reflexión respecto a qué estamos haciendo para innovar, cómo lo estamos haciendo y qué resultados esperamos. • La innovación sugiere un orden de ideas claro y muy bien informado: significa saber cuál es el punto de partida y llegada, así como cuál es nuestro objetivo específico. • Las estrategias de innovación utilizan recursos de índole diversa: dar paso a la creatividad y la interacción con otros agentes (incluyendo a los trabajadores) contribuye a alcanzar el logro de metas importantes.

Objetivo de la actividad:

Habilitar un espacio de diálogo y discusión en el que los participantes se presenten a sí mismos y a su empresa, con el propósito de reflexionar sobre los procesos de innovación que implementan actualmente, su objetivo y los beneficios que han generado a partir de éstos.

Preguntas generadoras:

- ¿Cuáles son las principales innovaciones en su empresa?

- ¿Por qué es importante innovar en su empresa?

- ¿Cuáles es el origen de las innovaciones en su empresa?

- ¿En qué área ubicaría las innovaciones de su empresa: procesos productivos, productos/servicios u organización del trabajo?

- ¿Cómo se realiza un proceso de innovación en su empresa?

Metodología de la actividad:

1. Se divide el grupo de participantes en tres o cuatro subgrupos (dependiendo de la cantidad de personas), y se explican las reglas del juego.

2. A cada participante se le entrega un globo inflado con una cita sobre temas de innovación en su interior.

3. En subgrupos, cada persona debe idear –en conjunto con sus compañeros- una estrategia para estallar el globo y extraer la cita de su interior.

4. Cuando la persona obtiene su cita, debe leerla en voz alta y responder a la pregunta que se plantea.

5. Los demás participantes de su subgrupo deben escuchar atentos y comentar al respecto, ya sea mediante la manifestación de opiniones o pedidos de aclaración cuando algún aspecto no haya quedado completamente claro.

6. Cuando todos los subgrupos hayan expuesto sus ideas principales, se dará paso a una conclusión de cierre por parte de los facilitadores.

Resultados esperados:

Se espera que, al término de la actividad, los participantes hayan reflexionado acerca de los procesos y las estrategias de innovación que implementan sus empresas. A partir de estas reflexiones, se espera también que cada participante haya internalizado las ideas surgidas a partir de la discusión; aprovechando el espacio para dar a conocer las innovaciones de su empresa e informarse sobre procesos seguidos por otras. Con ello, se pretende afianzar estrategias de innovación adecuadas y generar puntos de encuentro y apoyo empresarial con otros actores afines.

Productos:

Presentación de empresas y personas.

MÓDULO II: LA GESTIÓN DE IDEAS Y DEL CONOCIMIENTO

Para poder gestionar las innovaciones dentro de las empresas es necesario iniciar desde su proceso de germinación. Es decir, desde el nacimiento de nuevas ideas y desde la creación de conocimiento nuevo. La capacidad que tengan los empresarios para gestionar estos dos elementos -en las formas en cómo organiza el trabajo, puede resultar un potenciador e impulsor de innovaciones.

Ideas, Creatividad e Innovación

Las ideas constituyen los primeros pasos para llevar a cabo innovaciones, siempre y cuando exista la capacidad y la voluntad de ejecutarlas para que no permanezcan como un pensamiento aislado, sino que por el contrario puedan transformarse en hechos concretos. A nivel empresarial, estas ideas pueden surgir de varias fuentes tal y como se detalla en la figura 3.

Figura 3. Principales Fuentes de Ideas

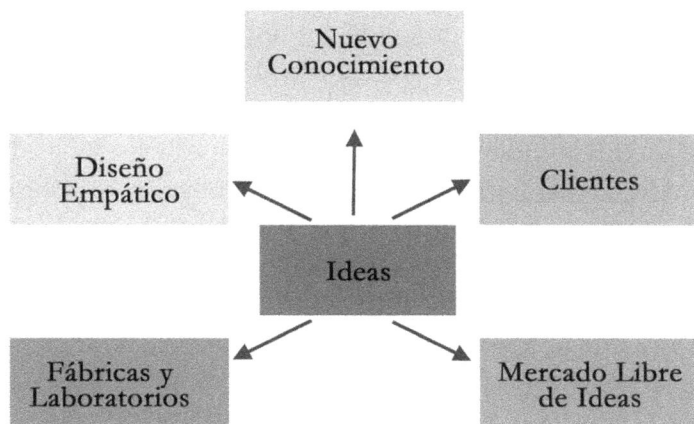

Fuente: Elaboración propia con base en Ruiz y Orozco, 2010.

El conocimiento nuevo es responsable de la mayor parte de innovaciones radicales, por lo que las ideas que se generan en este ámbito responden más a un conocimiento codificado y especializado, comúnmente ubicado en los departamentos de investigación y desarrollo de las empresas. El nuevo conocimiento como fuente de nuevas ideas, y por tanto innovaciones, es por lo general un proceso de mediano o largo plazo, por lo que el concretar las acciones en resultados requiere de un periodo de desarrollo prolongado.

Los clientes suelen ser la mejor fuente de información en cuanto a las debilidades del producto, por tanto, de las demandas insatisfechas -información que puede ser aprovechada para potenciar la innovación. Los consumidores pueden lanzar las señales a los productores sobre qué elementos de novedad requieren en sus bienes y servicios, por lo que la priorización de demandas puede resultar un ejercicio efectivo para generar ideas innovadoras de cambio y mejora para los productos. Existen varios mecanismos para lograr recoger ideas por parte de los clientes:

- Establecer la base: identificar los mercados objetivo y el tipo y nivel de innovación deseada por los principales interesados.

- Determinar tendencias: conocer las tendencias que los expertos consideren más importantes.

- Identificar y aprender de los usuarios más importantes: identificarlos en los mercados objetivos y en mercados relacionados. Reunir información de estos usuarios para perfilar ideas preliminares.

- Desarrollar los nuevos productos: el objetivo es pasar de los conceptos a la terminación de productos. Se puede organizar algunos seminarios cortos con usuarios importantes y miembros de marketing, técnico.

En cuanto al diseño empático, este se puede definir como una técnica de generación de ideas que observa cómo las personas utilizan los productos y servicios de su entorno, convirtiéndose estas observaciones en materia prima para llegar a ideas innovadoras. El Diseño Empático tiene cinco pasos:

- Observar: cómo sus clientes o usuarios utilizan sus productos tanto en sus hogares como en lugares de trabajo.

- Recoger datos: sobre lo que la gente hace, por qué lo hace y los problemas que tiene.

- Reflexionar y analizar: en la organización con otros colegas sobre observaciones.

- Lluvia de ideas: transformando las observaciones en representaciones gráficas de posibles soluciones.

- Desarrollar prototipos de soluciones: para aclarar nuevos conceptos, interactuar y estimular reacciones en los usuarios y clientes potenciales.

En lo referente a los mercados abiertos de ideas para la innovación, estos se explican cómo mercados que consisten en acudir al exterior de la empresa u organización para buscar ideas necesarias para desarrollar nuevos productos y servicios, utilizando comúnmente patentes, *joint ventures* y alianzas estratégicas. Las innovaciones en el mercado abierto presentan cuatro ventajas:

- Al importar nuevas ideas se puede multiplicar la base de la innovación.

- La exportación de ideas es una buena forma de conseguir efectivo y retener el talento.

- La exportación de ideas ofrece a la empresa una forma de medir el valor real de una innovación.

- La exportación e importación de ideas ayuda a las organizaciones a ver más claro lo que hacen mejor.

Sin embargo, es importante mencionar que existen riesgos en la colaboración con agentes externos a la empresa, como por ejemplo el no lograr un buen aprovechamiento de las ideas compartidas con los demás en el mercado.

Por otra parte, es importante recalcar quiénes son los encargados de generar estas ideas en las empresas, desmitificando el hecho de que sólo los altos jerarcas o los encargados de la I+D, sean los encargados de proponer cambios y mejoras en los sistemas productivos. El resto de trabajadores cumplen un papel fundamental en la generación de ideas, por lo que la creatividad viene a ser una variable clave en los procesos de innovación.

Recuadro 2. Mitos sobre la Creatividad.

Existen ideas preconcebidas equivocadas que limitan la habilidad para gestionar la creatividad efectivamente:

"Cuanto más inteligente, más creativo". **Falso:** la inteligencia está relacionada con la creatividad hasta cierto punto. No hay un perfil válido, concreto.

"Los jóvenes son más creativos que la gente mayor". **Falso:** la edad no es un indicador claro del potencial creativo. Sin embargo la experiencia puede inhibir la creatividad al mantener al experto en las pautas establecidas.

"La creatividad no se puede gestionar". **Falso:** un directivo puede crear las condiciones que fomenten la creatividad.

La creatividad puede definirse como un proceso de desarrollo y expresión de nuevas ideas para la resolución de problemas o bien para la satisfacción de necesidades. La creatividad se conforma de tres componentes: experiencia, pensamiento creativo y motivación. La experiencia hace referencia a los conocimientos técnicos, de procedimientos e intelectuales. El pensamiento creativo, por su parte, hace referencia a las tácticas utilizadas para la resolución de problemas y suele depender de las funciones de personalidad y estilo laboral. La motivación puede ser extrínseca (incentivos, promociones) o

intrínseca que se genera a través de un interés interno. Estudios como el de Corrales (2013), señalan la importancia que tiene la motivación para el involucramiento de los trabajadores en los procesos de innovación, ya sea con base en beneficios propios o bien beneficios comunitarios.

En este sentido, los dirigentes de las empresas juegan un papel fundamental en influir sobre la creatividad de los trabajadores.

Los directores de las empresas pueden jugar con una combinación adecuada entre una idónea adecuación de tareas y personas, permitiendo el mayor provecho de experiencia, pensamiento creativo y motivaciones. La adhocracia es un elemento que permite explotar iniciativas de resolución de problemas que suelen ser innovadoras. La libertad que se le dé a los trabajadores debe ir en línea con los objetivos que se persigan: "Este es el objetivo; piensa en la mejor manera de obtenerlo". Asimismo, el dotar de cantidad de tiempo y recursos suficientes a los trabajadores, representa otro elemento clave para la creatividad, evitando plazos arbitrarios e imposibles de cumplir, con recursos que sean realmente los necesarios.

La constitución de grupos creativos formados por trabajadores de distintos departamentos con una diversidad de estilos y habilidades disímiles, resulta un ejercicio apropiado para estimular la creatividad en la resolución de problemas y, además, intentar transformar eventos inesperados en oportunidades. Para ello, se puede aprovechar los tipos de pensamientos que predominen en los trabajadores, refiriéndose al pensamiento divergente y al pensamiento convergente.

El pensamiento divergente representa una forma de pensar que se aleja de las formas tradicionales de ver y hacer las cosas; estimulando el desarrollo de conceptos e ideas nuevas, por lo general, desde una perspectiva poco familiar para la empresa en sí. El pensamiento convergente, por su parte, ayuda a desviar los resultados del pensamiento divergente hacia productos y servicios concretos; haciendo énfasis en cómo algo que resulta novedoso se convierta además en algo útil. No obstante, el pensamiento convergente puede sacar a la luz varias restricciones en el campo de soluciones como las que se mencionan a continuación:

- ¿Qué funciones son esenciales para el consumidor?
- ¿Qué criterios están determinados por los valores de la empresa?
- ¿Cuáles son las restricciones de costes?
- ¿En cuánto tiempo hay que completar el proyecto?

Tomando en consideración estos elementos para gestionar las ideas y la creatividad desde la fuerza de trabajo de las empresas, se puede aunar a manera de resumen, los principales elementos que obstaculizan la creatividad en el entorno laboral; o bien, que la fundamentan para que se pueda dar con mayor facilidad:

Cuadro 3. Obstáculos y Fundamentos de la Creatividad

Obstáculos a la Creatividad	Fundamentos de la Creatividad
Miopía para ver los recursos	Iniciativa
Seguir las reglas demasiado al pie de la letra muy a menudo	Capacidad para pensar fuera de las reglas
Considerar las pruebas como algo frívolo	Gusto por probar cosas nuevas
Focalizarse únicamente en la respuesta correcta	Focalización en explorar posibilidades
Ser crítico	Aceptar las cosas
Miedo al Fracaso	Capacidad para aceptar el fracaso y aprender de él
Incomodidad con el riesgo	Correr riesgos de forma inteligente
Dificultad para escuchar otros puntos de vista	Escucha activa, aceptación de las diferencias
Falta de apertura a las ideas	Receptividad a las ideas
Evitar la ambigüedad	Tolerar la ambigüedad
Intolerancia	Tolerancia
Falta de flexibilidad	Flexibilidad
Abandonar demasiado rápido	Persistencia
Preocupación excesiva por lo que los otros piensen	Preocupación por uno mismo
No considerarse creativo	Reconocer el potencial creativo en uno mismo

Fuente: *HMM Managing For Creativity and Innovation.*

Organización del Trabajo y la Innovación

Como se ha mencionado a lo largo del presente módulo, la relación jerárquica entre patrón-trabajador y la misma forma de interacción de trabajadores de distintos departamentos, áreas o disciplinas, pueden representar determinantes claves en los procesos de innovación. Si bien el primer paso para realizar la creatividad es contar con personas creativas, el segundo paso consiste indudablemente en la agrupación de estas personas y lograr que la organización del entorno laboral favorezca la creatividad y la innovación.

La interacción que se pueda dar entre los trabajadores y, por tanto, la difusión de nuevas ideas y conocimiento, depende en gran medida de la forma en cómo se organice el trabajo a lo interno de las firmas; pues en ocasiones este es un factor determinante para inhibir o impulsar las actividades de innovación. Para detectar algunas de las formas en cómo se puede organizar el trabajo en las empresas, se sigue la taxonomía expuesta por Lam (2002), la cual tipifica 4 tipo de organizaciones como sigue:

Figura 4. Tipología de Organización del Trabajo

Machine Bureaucracy	Professional Bureaucracy	Operationg Adhocracy	J-Form
-Estandarización -Abundante Supervisión	-Especialización -Personal altamente capacitado	-Aprender Haciendo -Autonomía	-Estructura Orgánica -Conocimiento integrado a la empresa

Fuente: Elaboración propia con base en Lam (2002).

Los procesos productivos que se enfocan más a la producción en masa tienden a tener sistemas bastante mecanizados donde cada trabajador tiene sus tareas bien definidas y estas deben realizarse siguiendo un patrón específico de forma estricta; estandarizando las labores de cada individuo y por tanto inhibiendo a que se puedan implementar nuevas técnicas o que el trabajador pueda hacer uso de su experiencia y su ingenio para hacer las cosas de una forma que considere mejor.

Es así como la innovación es casi nula al menos por parte de los trabajadores, quedando en responsabilidad de los altos jerarcas cualquier   novedad que se quiera implementar en las empresas, ya sea en el producto como tal, en su proceso de producción, en su comercialización o la organización del trabajo.

Las empresas que requieren de personal mucho más especializado en ciertas áreas –en ocasiones por la complejidad de sus procesos productivos– tienden a dejar las iniciativas innovadoras únicamente en manos de los departamentos de I+D o del personal dedicado específicamente a la mejora del producto (y de su proceso y comercialización).

Por otra parte, pueden existir organizaciones que se caractericen por la participación activa del personal, su libertad para la resolución de problemas y la importancia de la interacción entre departamentos para ganar posicionamiento de su empresa en el mercado. Estas organizaciones no necesariamente deben darse en entornos laborales distintos a los descritos anteriormente, pues todo dependerá de los objetivos que se estén persiguiendo y la habilidad de los gestores para organizar a sus subalternos.

Es importante recalcar, además, que las organizaciones con mayor libertad e interacción no deben dejar de lado cierto grado de institucionalización e integración del conocimiento; con el fin de evitar que este se pierda cuando ya no se cuente con alguno de los trabajadores que fueron partícipes activos de los procesos de difusión del conocimiento y las actividades de innovación.

Con esta tipología organizacional no se impone una taxonomía única a seguir dependiendo de los procesos productivos, ya que se debe tener en cuenta que una misma empresa puede tener características mixtas de estas organizaciones, dependiendo del área (operativa o administrativa) y de sus fines. Los procesos laborales tienen que ser lo suficientemente flexibles como para poderlos modificar de vez en cuando a medida que varían los objetivos y las estrategias que persigan las empresas.

Creación de Capacidades y Competencias

Una forma de gestionar el conocimiento en el entorno laboral es a través de la capacitación de la fuerza de trabajo. Los trabajadores tienden a acudir a dos fuentes principales para adquirir capacitación formal: la capacitación que dan las mismas empresas o bien, los propios esfuerzos de los trabajadores por buscar capacitarse externamente. Asimismo, el conocimiento adquirido a lo interno de las empresas o fuera de ellas puede ser tipificado según dos conceptualizaciones:

Figura 5. Tipos de Conocimiento

Conocimiento Tácito	Conocimiento codificado
•Habilidades adquiridas por experiencia •Aprendizaje por interacción •Intrínseco de cada ser, difícil de transmitir si no hay interacción	•Conocimiento adquirido por el estudio y la capacitación formal •Fácil de codificar y transformar en información •Más facilidad de transmisión

Fuente: Elaboración propia con base en Johnson, Lorenz & Lundvall (2002).

La importancia del conocimiento tácito y codificado para generar innovación se ha evidenciado en diversas investigaciones. El conocimiento codificado o formal puede incidir directamente en el nivel de especialización de los trabajadores, haciéndolos más propensos a generar cambios que consideren necesarios en ciertos procesos y/o servicios.

Trabajadores con mayores niveles de escolaridad y por tanto con un grado de especialización mayor, pueden llegar a funcionar como capacitadores mismos de la fuerza laboral con menores niveles de escolaridad; dinamizando así la difusión y transformación del conocimiento por medio de la capacidad social de cooperación maestro-aprendiz.

Por otra parte, el conocimiento tácito ha sido el responsable en muchos de los casos de las innovaciones incrementales de procesos; surgiendo de las ideas y experiencias propias de cada trabajador (*know-how*), logrando que mucho de ese conocimiento se transforme en un activo primordial de las empresas.

Las transformaciones en los procesos de producción se han llevado a cabo por iniciativas de los trabajadores a través de su conocimiento formal y tácito, lo que evidencia la importancia y necesidad de aumentar los mecanismos de creación de capacidades y competencias tanto a nivel interno como externo.

El flujo de conocimiento por sí solo no produce innovación, sino que requiere de mecanismos de inclusión social, encontrándose estos en la forma en cómo las empresas organizan el trabajo, pues si la organización facilita la interacción entre departamentos y trabajadores de diferentes campos, la creación de espacios interactivos de aprendizaje donde se transfiera el conocimiento serán más comunes.

Preguntas Clave

¿Se está invirtiendo en capacitación de trabajadores?

¿Conoce usted cuáles son las principales fuentes de capacitación por las que optan sus trabajadores?

¿Cuál considera usted que es la razón más importante de invertir en capacitación?

ACTIVIDAD II: ¿CÓMO GESTIONAR LAS IDEAS?

Luego de la charla magistral sobre la conceptualización de la innovación, los participantes del taller podrán disfrutar de varios videos sobre la gestión de las ideas y la creatividad, partiendo de la premisa "¿de dónde vienen las buenas ideas?". Con base en lo aprendido en este segundo módulo, los participantes elaborarán una lista con los cambios más necesarios que consideren para su empresa (teniendo en cuenta si son cambios en su producto/servicio, en su proceso productivo, en su comercialización o en la organización del trabajo). Además, deberán identificar los agentes que consideren que deban ser los protagonistas de estos cambios a lo interno de las empresas, pensando siempre en términos estratégicos de la empresa.

ACTIVIDAD ADICIONAL: ¿CÓMO GESTIONAR LAS IDEAS?

A continuación, se detalla la metodología de aplicación de la actividad adicional para el segundo módulo:

Recuadro 2. Metodología Actividad Adicional Módulo II

Módulo 2.	*Momento 2*
Actividad participativa. El carrito innovador.	
Duración: 30 minutos	Materiales:
Explicación y organización de grupos: 5 mins	Bloques de plástico - Hojas blancas
Construcción de figura: 25 mins	Lapiceros

	Contenidos:
Tema: Gestión del conocimiento	-La gestión del conocimiento representa un proceso innovador, a partir de la generación de nuevas ideas sugeridas por actores creativos. -Una adecuada organización del trabajo propicia estimula la creación de capacidades y competencias. -Identificar los obstáculos que imposibilitan la óptima gestión del conocimiento permite evaluar las áreas o procesos que deberían mejorarse. -Reconocer la importancia de la gestión del conocimiento es un elemento a tener en cuenta durante la elaboración de un plan de innovación.

Objetivo de la actividad:

Identificar y reconocer las distintas situaciones que pueden obstaculizar el desempeño y la calidad empresariales, enfatizando en la importancia de la gestión del conocimiento y la innovación como estrategia de competitividad y desarrollo.

Preguntas generadoras:

- ¿Cuáles son los temas que imposibilitan –o dificultan-, el desarrollo de su empresa o actividad productiva?

- ¿Qué aspectos considera en la formulación de un plan de innovación en su empresa?

- ¿A cuáles mecanismos de financiamiento recurre para implementar sus procesos de innovación innovadores? ¿Qué estrategia utiliza para acceder a recursos?

Metodología de la actividad:

1. Se divide el grupo de participantes en tres o cuatro subgrupos (dependiendo de la cantidad de personas), y se explican las reglas del juego.

2. A cada subgrupo se le entrega un paquete con bloques de plástico interconectables.

3. Cada subgrupo debe definir una estrategia para armar la figura correcta a partir de los bloques de plástico.

4. Los facilitadores supervisan cada proceso de construcción; pues ellos representan al cliente que desea adquirir el producto; el cual debe cumplir con todos los criterios de calidad.

   Cada paquete contiene características especiales (piezas insuficientes, piezas extras, presencia o ausencia de manual de indicaciones). Por lo tanto, cada subgrupo deberá idear una segunda estrategia para adquirir las piezas faltantes o utilizar eficientemente los insumos sobrantes.

5. Se espera que los participantes desarrollen su creatividad de manera innovadora para organizar el proceso de construcción de manera estratégica, en interacción con sus compañeros y el resto de subgrupos.

6. Cuando el tiempo designado se haya agotado, cada subgrupo debe referirse a las distintas estrategias que utilizó para construir la figura, así como los principales obstáculos y el método seleccionado para superar las dificultades aparecidas.

7. Cuando todos los subgrupos hayan expuesto sus ideas principales, se dará paso a una conclusión de cierre por parte de los facilitadores.

Resultados esperados:

Se espera que, al término de la actividad, los participantes hayan reflexionado acerca de los principales conceptos que se desarrollan en el módulo sobre: "Gestión del conocimiento."

Además, la actividad debe servir para ejemplificar situaciones reales que afectan los procesos de innovación en empresas, tales como: conocimiento del sector y mercado, fuentes de financiamiento y formas de acceso a recursos, organización del trabajo y creatividad.

Productos:

Figuras hechas con bloques de plástico.

MÓDULO III: INNOVACIÓN Y DESEMPEÑO EMPRESARIAL: EL DESARROLLO DEL PROYECTO

Una vez abordadas las temáticas de gestión de ideas y conocimiento en las empresas y la concepción misma de la innovación, es pertinente identificar si ya se han realizado, o bien, se están realizando actividades de innovación en las empresas: conocer cuáles son los principales obstáculos a los que se han enfrentado a la hora de innovar, qué fuentes se suelen utilizar para incurrir en cambios novedosos y, además, cómo se financian las actividades innovadoras.

La Idea Puesta en Práctica: El Ciclo de Vida del Proyecto Nuevo

Los procesos creativos y la germinación de nuevas ideas no deben quedar únicamente planteados en una mesa de discusión, sobre todo si se detecta en ellos el potencial para impulsar mejoras significativas en el entorno empresarial. No obstante, toda idea que se desee convertir en un proyecto nuevo en ejecución, debe ser sometido a una serie de fases que lo logren consolidar como parte de la estrategia empresarial. Para explicar estas fases, se utiliza como marco de referencia la argumentación de la Agencia Navarra de Innovación (ANAIN), la cual divide el ciclo de vida de un proyecto nuevo en 4 etapas:

Figura 6. Ciclo de Vida de un Proyecto

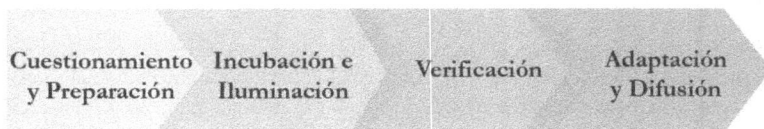

| Cuestionamiento y Preparación | Incubación e Iluminación | Verificación | Adaptación y Difusión |

Fuente: ANAIN, 2008.

Esta fase se puede comparar a la etapa de observación del método científico, donde el agente en primera instancia debe identificar cuál es el problema que quiere abordar.

La primera fase de ***cuestionamiento y preparación***, consiste en la germinación de ideas como preludio al proceso creativo. Tanto los trabajadores, como los empleadores con su experiencia y conocimiento sobre el quehacer diario del proceso productivo de las empresas, puede cuestionar el *modus operandi* mismo con el objetivo de valorar si las formas en cómo se están haciendo las cosas, es justamente la mejor forma. El identificar necesidades, fallos, ventajas, el prestar atención a las demandas y comentarios de los clientes y al desempeño económico mismo de las empresas, representan focos principales de esta primera fase donde la idea pueda dar pie a nuevos proyectos.

AIN (2008) plantea algunas técnicas utilizadas en esta fase del proyecto tal y como sigue:

- Replanteamiento de asunciones: Las ideas en ocasiones necesitan de verse desde múltiples perspectivas para su valoración, lo que implica replantearse e inclusive renunciar a algunas asunciones propias sobre la realidad, para lograr evaluar la calidad, dirección y viabilidad de las ideas.

- Mapas Mentales: Consiste en tomar ideas por separado y organizarlas en forma de mapeo con el fin de que los pensamientos obtengan una identidad que pueda ser evaluada, desarrollada, alterada o bien, descartada.

- Escenarios Futuros: Una vez identificadas las necesidades de las empresas y los posibles ejes de acción (económico, organizacional, tecnológico, entre otros), se procede a plantear una serie de escenarios –entre 4 o 5 opciones– que permitan permear las estrategias a buscar para cada línea de acción que se quiera afectar.

- Buscar Ideas en 'Otros Mundos': Esta técnica consiste en plantearse una idea o la solución de un problema por medio de la identificación de situaciones similares en otros ámbitos como por ejemplo la naturaleza.

Una vez que ha surgido la idea o se ha visualizado una problemática a la cual hay que dar solución, la siguiente fase consiste en dejar incubar esa idea. La *incubación* hace referencia según AIN (2008), a la acción de dejar 'descansar' la idea, es decir, a concentrarse en otros asuntos por unos días y luego ahora sí, retomar la idea con el objetivo de verlo desde otra perspectiva. Esta fase lo que busca es la claridad mental, que muchas veces se obtiene hasta que desviamos el foco de atención del problema por un tiempo y luego se retoma desde diferentes aristas. La *iluminación* de la que habla AIN (2008), hace referencia precisamente a ese momento donde la idea retomada puede ser vista como una solución mucho más concreta y plausible. Algunas de las técnicas planteadas por AIN, se describen a continuación:

- Relajación y Visualización: Se pretende favorecer la recepción de la mente a nuevas ideas o soluciones, consiguiendo una mayor claridad mental y amplitud de percepciones.

- Analogías y Provocaciones: El vincular el problema -y sus posibles soluciones-, a áreas ajenas a la de su origen, suele ser una técnica que ayuda a valorar otros contextos de acción.

- Fraccionar Problemas: A veces el problema se encuentra en el planteamiento del problema. Por ese motivo, se recomienda fraccionarlo para analizarlo por partes; ampliando así el panorama de soluciones.

- Método SCAMPER: La temática de las ideas puede someterse a una serie de preguntas estandarizadas, esto con el propósito de identificar nuevas ideas o puntos de vista.

- *Brainstorming*: Se basa en mecanismos de asociación mental, permitiendo la generación de ideas en grupo.

Aun cuando las ideas se hayan dejado reposar, o se hayan abordado desde otras perspectivas distintas a la original, estas deben someterse a un proceso de *verificación* donde se valide, ahora sí, la puesta en marcha del proyecto: ya sea para dar solución a un problema o para hacer cambios hacia la mejora de las empresas.

Algunos de los aspectos que se validan en esta fase son los costos, el tiempo requerido para su implementación y para la obtención de resultados, la aceptación por parte de los mercados meta, entre otros. Las técnicas utilizadas en esta fase, según reconoce AIN (2008), son las siguientes:

- El 'Semáforo' del Consenso: esta técnica busca la interacción activa entre los diferentes trabajadores, buscando formar un grupo de trabajo donde se escuchen las opiniones de los miembros de diversas áreas para que se puede en efecto, valorar todos los pros y contras de la idea propuesta.

- Análisis Modal de Fallos y Efectos (AMFE): Es una herramienta utilizada para identificar y prevenir los modos de fallo (ya sea de un producto, un servicio o un proceso), evaluando su gravedad, ocurrencia y posibilidad de detección, para así poder priorizar sobre causas primeras de eventuales fallos, o bien que se puedan minimizar sus efectos. Esta herramienta es considerada útil en tanto su diseño vaya en función de cumplir con las necesidades de los clientes.

> **¿Cómo validar una idea sin necesidad de gastar recursos?**

Otras técnicas para validar las ideas se relacionan con la percepción de los consumidores sobre lo que se oferta, con el fin de que las empresas puedan identificar oportunidades de mejora. El método de "mapa de utilidad"[1] del comprador" (Chan & Mauborgne, 2000), es una técnica utilizada para realzar estas oportunidades y una forma de saber si esta idea representa un valor real para los clientes actuales o potenciales, para los asociados o público meta en general.

Incluso cuando se reconoce una oportunidad, esta puede ser relativamente pequeña si se compara con todo el potencial que representa la innovación; aun cuando el reconocimiento de la oportunidad asociada a una innovación suele ser arriesgado si se carece de un mecanismo de validación.

---

1   En este contexto, entiéndase utilidad por nivel de satisfacción obtenido.

Debido a que, en la mayoría de las ocasiones, la respuesta que los consumidores darán a una versión comercial de una innovación sólo se puede suponer, este método indica la probabilidad de que los clientes se sientan atraídos por una idea, producto o servicio nuevo. Eso sí, analizando a fondo la utilidad de una innovación, es decir, valorando cómo esta cambiará la vida de los consumidores. Se debe tener en consideración varias cosas antes de que la idea pueda pasar a una fase de desarrollo e investigación de mercado:

- Las palancas que accionar para proporcionar utilidad a los consumidores

- Las etapas del ciclo de experiencia del comprador, desde la compra hasta la eliminación

- ¿Cómo se puede crear la máxima utilidad para los clientes? ¿Cubre este espacio la idea?

- ¿Esta utilidad, es superior o inferior a la utilidad creada por los productos o servicios ofrecidos por nuestros competidores?

- ¿Cuál de estas utilidades es más importante para los clientes?

- ¿Cómo se podría modificar el diseño del producto o servicio para ofrecer la máxima utilidad a los consumidores en las áreas que más les interesa?

- ¿Encaja la innovación con la estrategia de la empresa?

- ¿Se dispone de las competencias técnicas necesarias para hacer que funcione?

- ¿Se dispone de las competencias empresariales necesarias para que sea un éxito?

- ¿Cuáles son las competencias de su empresa?

- ¿Son las que la idea innovadora necesita?,

- ¿Es la idea suficientemente buena como para justificar esfuerzo y gasto para desarrollar competencias que se requieren?

Si la idea que se tiene no encaja con la estrategia de la empresa, a largo plazo, su desarrollo y comercialización pueden crear problemas; por lo que varias de las opciones son: el desechar la idea, el venderla a alguien que puede hacer algo con ella; o bien, la creación de una organización independiente que la desarrolle (*joint venture*, otorgamiento de licencia).

¿Qué hacer cuando una buena idea carece de adecuación estratégica? En este caso, las competencias con las que cuente la empresa serán fundamentales para llevar a cabo la ejecución de esa idea. Por ejemplo, están las competencias técnicas, donde la empresa debe tener o poder adquirir equipos técnicos requeridos para desarrollar con éxito una idea en particular, y las competencias empresariales tales como *marketing*, desarrollo del producto, capacidad para servir a una base de clientes, instalaciones, entre otras.

Figura 8. Ejemplo de Mapa de Utilidad del Consumidor

Las seis etapas del ciclo de experiencia del comprador

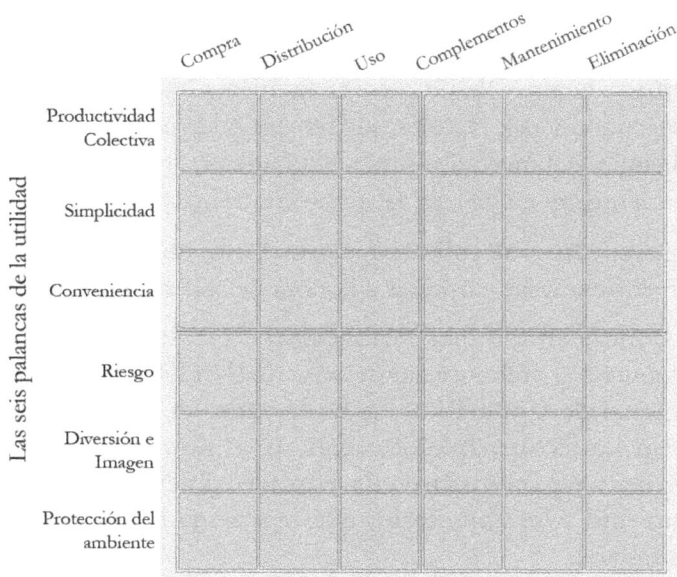

Fuente: Chan y Mauborgne, "*Knowing a winning idea when you see one*", Harvard Business Review, 2000.

La última fase del ciclo corresponde a la *adaptación y difusión*, siendo considerada un punto de convergencia entre la creatividad y la innovación. Esta fase tiene que ver con la materialización de la idea, ya sea mejorando o creando un producto o un servicio, un proceso productivo, cambios en la organización del trabajo o en la comercialización misma de lo ofertado.

Siendo el eslabón final del ciclo, la idea en esta fase no logra sólo su consolidación, sino que además logró evolucionar en un proyecto en marcha para la empresa, pero no sin antes haber sido puesta en balanza para evaluar su conveniencia.

Obstáculos y Fuentes de la Innovación

Los procesos de innovación pueden verse entorpecidos o bien impulsados dentro de las empresas, dependiendo de los contextos en las que se desenvuelvan, las interacciones que tengan con los diferentes agentes económicos y sociales, los objetivos empresariales de la empresa; o bien, los recursos de los que se dispone.

En lo que respecta a los *obstáculos* de la innovación, estos pueden referirse a factores desde la empresa misma (factores empresariales-microeconómicos), factores que tengan que ver con el entorno y las condiciones del mercado (meso-económicos) o bien, factores más del macro-entorno en general (macro-económicos o meta).

En el cuadro 3 se enlistan los principales obstáculos a los que se suelen enfrentar las empresas a la hora de realizar innovaciones.

Basándose en estudios realizados por el Ministerio de Ciencia, Tecnología y Telecomunicaciones (MICITT) y la Universidad Nacional de Costa Rica[2], se ha logrado identificar que entre los principales factores que obstaculizan la innovación en empresas se encuentran: la estructura de mercado, dificultad de acceder a financiamiento y los altos costos que representa la capacitación de la fuerza laboral.

---

2 Para mayor información ver los Informes sobre Indicadores Nacionales de Ciencia, Tecnología e Innovación del MICITT, disponibles en www.micit.go.cr

Los obstáculos para la innovación, sin embargo, pueden variar dependiendo del tamaño de la empresa. Además, es posible que los factores que señalan las empresas que se encuentran realizando algún tipo de innovaciones disten de aquellas que aún no se han lanzado a realizar ningún tipo de innovación.

Cuadro 4. Principales Factores que Obstaculizan la Innovación en las Empresas

Factores		
Empresariales o Microeconómicos	**De Mercado o Meso-Económicos**	**Macro-Económicos o Meta**
Escasez de personal capacitado	Reducido tamaño de mercado	Insuficiente información sobre mercados
Rigidez Organizacional	Estructura del mercado	Insuficiente información sobre tecnologías
Temor al fracaso de la innovación	Escaso dinamismo del cambio tecnológico del sector	Falta de políticas públicas de promoción C&T
Periodos de retorno inconvenientes	Dificultades de acceso al financiamiento	Políticas Públicas inadecuadas para la promoción C&T
Falta de recursos financieros propios	Escasas posibilidades de cooperación con otras empresas/instituciones	Escaso desarrollo de instituciones relacionadas con ciencia y tecnología
Haber innovado recientemente	Facilidad de imitación por terceros	Carencia de infraestructura física
No considerar necesario hacer ninguna innovación	Ninguna o poca disposición de tecnología en el mercado	Problemas con el sistema de propiedad intelectual
		Altos costos de capacitación

Fuente: Cuestionario sobre Encuesta Nacional de Ciencia, Tecnología e Innovación, 2012. CINPE.

Si bien el proceso de generación de ideas que se ha discutido a lo largo de este documento se ha considerado como uno de los factores desde los cuales hacer innovación, es importante recalcar que las iniciativas innovadoras pueden surgir de varias *fuentes o medios de información*, los cuales se detallan a continuación:

- Fuentes internas a la empresa (centro de documentación interno)
- Otra empresa relacionada de la que pueda tomar referencias
- Casa matriz (en caso de empresas multinacionales)
- Los clientes
- La competencia
- Los proveedores
- Alguna universidad, centro de investigación o desarrollo tecnológico
- Consultores o expertos en el área
- Participación en redes internacionales dirigidas a compartir información y conocimiento
- Ferias, conferencias, exposiciones
- Revista y catálogos
- Bases de datos digitales
- Internet

Según lo indican los estudios sobre innovación en Costa Rica, se resalta que para las empresas el internet representa la principal fuente para acceder a información para impulsar procesos de innovación; mientras que los clientes y los proveedores son considerados en segundo y tercer lugar respectivamente, como fuentes de información para identificar potenciales innovaciones.

En muchos de los casos, las fuentes de información señalan si los cambios y mejoras que se planean implementar en las empresas responden a un proceso de imitación o adaptación; pudiendo determinar si estamos frente a una innovación que resulte nueva para la empresa, para el mercado local o el marcado internacional. También se podría determinar si se está en presencia de una innovación incremental o una innovación radical.

Recuadro 3. Los Clientes como Fuentes de Información para la Innovación

Las innovaciones que generen valor a los clientes suelen ser útiles para lograr un mejor posicionamiento del producto o servicio en el mercado. Se debe saber escuchar al cliente para conocer sus opiniones, sobre lo que le gusta o necesita. Hay que conocerse a sí mismo como empresa además, para valorar si que se requiere para satisfacer las demandas de los clientes. Para materializar las ideas innovadoras sobre productos y servicios, muchas veces requiere de hacer otros cambios pertinentes en la cadena de procesos e producción y en la organización del trabajo.

El Financiamiento de la Innovación

Una de las preocupaciones más comunes a la hora de adentrarse en el mundo de las innovaciones, es el de: '¿y cuánto me costará innovar?'. Si bien existen casos donde las empresas son capaces de financiar los cambios que se requieren en el entorno empresarial con recursos propios, es muy plausible que exista una proporción importante que requieran acudir a fuentes externas de financiamiento para llevar a cabo procesos innovadores.

La utilización de recursos propios a través de la reinversión de utilidades, por aportes de los socios de las empresas o recursos de las casas matrices correspondientes, suelen ser los mecanismos más utilizados por las empresas para innovar según se indica en el estudio de Innovación para el caso de Costa Rica.

La banca comercial a través del crédito es una de las opciones que tienen los empresarios para financiar sus actividades de innovación. Empero, no representa una alternativa muy utilizada por las empresas; estando entre las razones más comunes: porcentajes elevados en las tasas de interés y el grado de riesgo que pueda representar la innovación planteada.

Dependiendo de qué tan maduro se encuentre el sistema financiero del país, este podría representar un mecanismo importante para financiar los procesos de innovación de las empresas. Para el caso de Costa Rica existen una serie de fondos que financian actividades de innovación, los cuales se detallan a continuación:

Cuadro 5. Fondos de Financiamiento para la Innovación

Alternativas de financiamiento que incentivan la innovación	Descripción
Fondo de Microproyectos Costarricenses Sociedad Civil (FOMIC S.C.)	Es una organización sin fines de lucro. Brinda financiamiento para consumo y para las MIPYMEs. Se dirige a las personas que no puedan acceder a los servicios del sistema financiero tradicional. El crédito que brinda a las empresas es para Capital de Trabajo o inversión en activos fijos.
Programa Nacional de Apoyo a la Microempresa y la Movilidad Social (PRONAMYPE)-Ministerio de Trabajo y Seguridad Social (MTSS)	Este programa se orienta a colaborar con un segmento vulnerable y en peligro de exclusión social, su objetivo es ser un medio que incentive la generación de autoempleo de las familias en condición de pobreza. Se enfoca en el sector microempresarial del sector informal y de baja productividad. El financiamiento es reembolsable.
Fondo para el desarrollo de las micro, pequeñas y medianas empresas (FODEMIPYME)- Banco Popular y de Desarrollo Comunal	FODEMIPYME es un fondo especial creado para el fortalecimiento de las pequeñas y medianas empresas. Este es administrado por el Banco Popular. Tiene dos pilares el de avales y garantías y crédito. El financiamiento es reembolsable.
Programa de Apoyo a la Pequeña y Mediana Empresa (PROPYME)	Este programa de un aporte financiero no reembolsable, un monto máximo de hasta un ochenta por ciento (80%) del costo total de un proyecto de innovación y desarrollo tecnológico. Se dirige a diversas actividades productivas que realicen las empresas formalmente inscritas ante el MEIC.

Cuadro 5. Fondos de Financiamiento para la Innovación

Alternativas de financiamiento que incentivan la innovación	Descripción
Fondo Especial de Desarrollo (FEDE)- Banco Popular y de Desarrollo Comunal	Se dirige a las micro empresas que sean de alto potencial, pero no son sujetas de crédito en la banca tradicional. FEDE es un fondo que mediante Organizaciones de la Economía Social (OES), llega a los clientes.
Incubadoras privadas (Carao Ventures y Parquetec)	Son iniciativas privadas que ayudan a grupos de empresas ya establecidas o empresarios experimentados en el análisis, desarrollo y supervisión de nuevas empresas. Cada incubadora cuenta con vinculaciones con entidades financieras sean bancarias o no bancarias (red de inversionistas, financiamiento internacional u otro).
Incubadoras públicas (Auge-UCR, CIE-TEC, UNA Incuba y Parque La Libertad)	Son organizaciones que generan o aceleran empresas con fines de lucro u organizaciones sin fines de lucro intensivas en conocimiento. Específicamente la incubadora CIE-TEC, se enfoca en proyectos de empresas en el área de tecnología y Parque La Libertad está proyectado a fomentar proyectos en el área del arte (empresas creativas) y ambiente. Cada incubadora cuenta con vinculaciones con entidades financieras sean bancarias o no bancarias (red de inversionistas, financiamiento internacional u otro).

Fuente: Elaboración propia con base en fuentes primarias de información.

De manera adicional, en otros países como España se utilizan los incentivos fiscales como mecanismos para financiar la innovación. Este mecanismo consiste en exoneraciones fiscales aplicables a determinadas sociedades, brindándoles libertad para amortizar activos afectos a actividades de I+D+i y, además, a la deducción por actividades de I+D o de fomento de TICs para las empresas de reducida dimensión (AIN, 2008).

ACTIVIDAD III: ¿CÓMO PONER EN MARCHA LAS IDEAS?

Tal y como se abordó a lo largo de este módulo, las ideas deben gestionarse de forma que puedan ser transformadas en proyectos. Para ello se realizará la siguiente actividad grupal, en la cual los integrantes de cada grupo deberán interactuar para llevar a cabo su proyecto, tomando como base los aspectos mencionados en el manual. Las instrucciones a detalle de la actividad, se presentan a continuación:

- Se formarán grupos de ___ personas en los cuales se discutirá una idea que propicie el cambio y la mejora. Esta idea puede ser una construcción conjunta entre todos los participantes del grupo o bien, la propuesta de una idea ya planteada por alguno de los integrantes. Se debe discutir, además, cuáles serían los principales obstáculos a los que se enfrentarían para innovar y cuáles serían las fuentes de información a utilizar. *Para esta primera actividad, tome en cuenta lo abordado en la primera fase del ciclo de vida de un proyecto nuevo.*

- A continuación, cada grupo expondrá su idea a los demás participantes del taller, con el objetivo de recibir retroalimentaciones sobre la puesta en marcha de las ideas planteadas. *Para esta segunda actividad, tome en cuenta lo abordado en la tercera fase del ciclo de vida de un proyecto nuevo.*

- Cada grupo volverá a discutir sus ideas teniendo en cuenta las recomendaciones y expondrán un resultado final de cómo sería el proyecto en marcha si se llegará a ejecutar indicando qué mecanismos utilizarían para financiar la innovación basados en las condiciones empresariales reales. *Para esta última actividad, tome en cuenta lo abordado en la cuarta fase del ciclo de vida de un proyecto nuevo.*

MÓDULO IV: GESTIÓN DE LA INNOVACIÓN

Existen diversas herramientas que los empresarios y trabajadores pueden utilizar no sólo para promover actividades innovadoras, sino también para que estas se integren a la estrategia empresarial de forma continua. Es decir, estableciendo una cultura de innovación.

El presente apartado está dedicado a presentar las herramientas para promover y dar continuidad a las actividades de innovación, recalcando la importancia de las vinculaciones que se generen con otros agentes, el acceso y uso de las tecnologías de la información y comunicación (TICs) y, por último, las actividades de investigación y desarrollo (I+D).

A su vez, el módulo dedicará un apartado adicional a discutir sobre la importancia de la variable de desempeño ambiental, siendo este criterio uno de las principales razones por las cuales las empresas en la actualidad desean promover prácticas innovadoras para la protección del medio ambiente.

Vínculos para la Promoción de la Innovación

El principal medio para la creación paulatina de una cultura de innovación es la interacción, la socialización del conocimiento y las ideas. Para promover estas interacciones entre diferentes agentes es que se habla de Sistemas de Innovación (SIs).

La innovación es un proceso interactivo, cuyos resultados dependen de las relaciones entre las diferentes empresas, organizaciones y sectores; así como de comportamientos institucionales profundamente arraigados.

Es así como la construcción de un sistema de innovación se vuelve clave para la promoción de los procesos innovadores, inclusive por medio de las instituciones que fortalecen los vínculos con otros organismos. Entre los principales agentes con los que las empresas pueden generar vínculos se encuentran:

- Universidades
- Centros de Investigación
- Centros de Formación
- Clientes
- Proveedores
- Competidores
- Consultores

- Laboratorios o Empresas de I+D privadas
- Casa Matriz
- Empresas del mismo grupo
- Otras empresas
- Organismos Públicos de Investigación
- Organizaciones no Gubernamentales

Figura 8. ¿Para qué utilizar los vínculos para la Innovación?

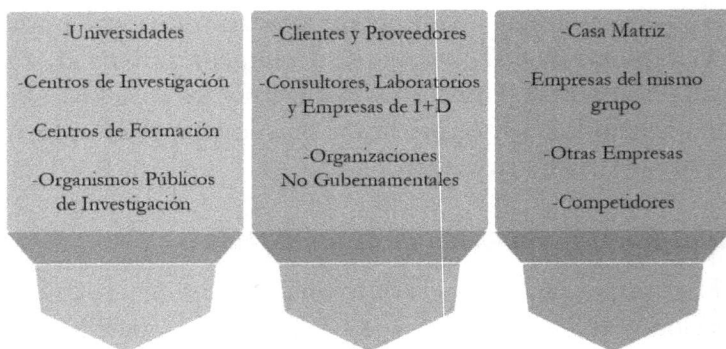

-Universidades -Centros de Investigación -Centros de Formación -Organismos Públicos de Investigación	-Clientes y Proveedores -Consultores, Laboratorios y Empresas de I+D -Organizaciones No Gubernamentales	-Casa Matriz -Empresas del mismo grupo -Otras Empresas -Competidores
Las relaciones con estos organismos permiten a las empresas contar con mano de obra capacitada para las labores que se demanden, no solo porque sean agentes encargados de formación técnica y profesional, sino porque además muchos de ellos	Las empresas que tienden a 'abrirse' a sus clientes (por medio de buzones de sugerencias por ejemplo), tienen una noción mayor de cuáles son sus demandas e incluso, brindan indicios de cómo cambiar o mejorar lo que se ofrece.	Las vinculaciones con otras empresas es una medida estratégica de suma relevancia. El mantener relaciones con la casa matriz a la que se pertenezca y a las compañías del mismo grupo empresarial, ayuda a afianzar y socializar las innovaciones logradas

funcionan como capacitadores (en tareas específicas a las empresas). En el caso de Costa Rica, el Instituto Nacional de Aprendizaje, es un organismo con las que las empresas se vinculan constantemente para programas de capacitación, sobre todo en comunidades más alejadas de la metrópoli. Además de vincularse para la capacitación, muchos de estos organismos cuentan con programas sobre emprendedurismo y fomento de estrategias empresariales de las cuáles pueden sacar provecho las empresas.	Los proveedores pueden ayudar a promover procesos innovadores por medio de la información sobre nuevos insumos y tecnologías para la producción. Por su parte, los consultores, los laboratorios y empresas de I+D y las ONG, funcionan como fuentes de información, evaluación de fortalezas y debilidades, desarrollo de ideas y proyectos novedosos, entre otras interacciones que incentivan a la cultura innovadora, en tanto involucre a las empresas en ámbitos que trascienda su operatividad habitual.	por unas y no por otras. Además, de estas vinculaciones se puede incluso obtener tecnologías y otros insumos que favorezcan los proyectos de innovación. En lo que respecta a empresas que no pertenezcan al mismo grupo, se pueden crea alianzas estratégicas para incrementar la productividad en un mercado local o su incursión en mercados internacionales, o bien para socializar procesos e insumos a través de clústeres. La imitación es otro resultado que puede surgir de esta vinculación.

Es importante para las empresas conocer su lista de contactos clave o de interés, pues así es mucho más sencillo comenzar con el proceso de crear -o bien afianzar- esos vínculos.

Los vínculos con los diferentes agentes perfilan a la innovación como un proceso de crecimiento empresarial mucho más inclusivo: los beneficios de la misma no se estancan únicamente en la esfera de generación de utilidades, sino que además es posible traslapar sus beneficios a la socialización del conocimiento y la creación de nuevas capacidades y competencias en la fuerza laboral.

Para el caso costarricense, la evidencia muestra que la mayor vinculación que mantienen las empresas es con sus proveedores y sus clientes; resultando en promedio que para los últimos seis años el 60,2% de las empresas se relaciona con sus proveedores contra un 58,3% que afirma mantener vínculos con sus clientes.

A estos organismos le secundan las vinculaciones con universidades y centros de formación técnica (se ha mostrado una tendencia creciente a las vinculaciones con estos organismos a través de los años), de los cuales un 30,2% mantiene vinculaciones con las universidades y un 21,3% con los institutos técnicos. Las empresas interactúan con estos organismos principalmente a través de publicaciones, reportes, conferencias públicas, reuniones y el intercambio informal de información. Otro tipo de interacción que se da (pero en menos cuantía según los datos), es a través de la contratación de graduados, uso de tecnologías con licencias y consultorías con investigadores individuales.

Recuadro 4. Vinculación con Universidades

Patentes: Es importante que las empresas se mantengan informadas de las actividades que realizan las universidades, pues a raíz de esto pueden encontrar el apoyo para patentar un producto o un proceso que les brinde una ventaja competitiva en el mercado.

Investigación Externa: Las empresas interactúan con universidades para contratar investigaciones que no puede desarrollar por si mismas o bien para obtener asesorías o consultoría tecnológica .

Captura de Profesionales: El contacto temprano con las universidades permite un acercamiento previo con estudiantes excelentes para su futura contratación y reclutamiento.

Pruebas: Otro de los objetivos de las vinculaciones es el de aplicar pruebas que las empresas requieran para sus productos, haciendo uso de los espacios y herramientas tecnológicas que posea la universidad.

Uso de las TICs como Herramientas para la Innovación

En la actualidad, el acceso y uso de las tecnologías de la información y la comunicación se convierte en una cuestión imperativa para la interconexión e interacción con el medio. Por ende, es también una herramienta para potenciar y continuar los procesos de innovación.

Las empresas deben estar conscientes de la importancia de su relación con el resto del mundo; provocando que se deba dar una transición del paradigma analítico, secuencial y lineal, hacia un paradigma sistémico caracterizado por la Interdependencia y la complementariedad. El ser humano se encuentra inmerso en una co-evolución: tanto con su entorno natural como con las maquinas, sistemas y redes que ha creado; siendo las herramientas, máquinas y objetos manufacturados que pueblan su entorno parte integrante de su evolución socioeconómica y cultural.

Como consecuencia de la digitalización y la comprensión de datos se está produciendo una evolución, cuyo aspecto más significativo es el crecimiento de los multimedia y su utilización en red como convergencia de varios ámbitos tradicionales.

Este proceso evolutivo y su vínculo con las tecnologías yace en lo que se conoce como el entorno artificial, el cual depende de las innovaciones y la infotecnología; siendo un entorno informacional, electrónico, digital, global y a distancia. Las bondades de este entorno han permitido la interconectividad y la presencia de las empresas; superando las barreras geográficas por medio de la presencia virtual.

Las TICs sirven como herramientas para la innovación en tanto estén en función de ampliar la interconectividad con otros agentes; sirviendo de puente para el acceso a la información. Entre las principales herramientas[3] que utilizan las empresas y sus usos se encuentran:

- Página Electrónica Empresarial: La presencia virtual de la empresa es de suma importancia para poder ser ubicada e identificada por los agentes socioeconómicos; constituidos por los clientes, gobierno, otras empresas, entre otros.

---

3   Las herramientas que acá se detallan requieren contar con conexión a internet, siendo esta de hecho, el medio por el cual las empresas afirman tener mucho más acceso a información para innovar. Además, se convierte en un requisito indispensable para afianzar los vínculos de un sistema de innovación que requiera superar sobretodo, barreras geográficas.

- Correo Electrónico: Interfaz que permite la comunicación, por lo que su uso es fundamental para la interacción con los agentes. Funciona además como medio de intercambio de información e incluso es utilizado como uno de los mecanismos por los cuales la empresa se 'abre' a las sugerencias de los consumidores.

- Redes Sociales: Con el auge de estas plataformas virtuales, las empresas han encontrado una fuente atractiva para llegar a los clientes y darse a conocer en otros entornos. Además de ser una fuente de contacto cuasi directo con los clientes, es una herramienta para ubicar proveedores y posibles enlaces con empresas similares o de conveniencia estratégica.

- Herramientas convencionales como el teléfono o el fax, siguen manteniendo su relevancia para la intercomunicación con los diferentes agentes.

Actividades de I+D para el Fomento de la Innovación

A lo largo del manual se ha destacado que las actividades y procesos de innovación no son exclusivos de los departamentos de I+D de las empresas, pues en ocasiones basta el nivel de compromiso de los trabajadores para con las empresas, o el ingenio e imitación de los empresarios, para generar innovaciones.

No obstante, sería imprudente dejar de lado las actividades de I+D (interna y externa), como herramientas para potenciar, promover y continuar los procesos de innovación.

Se puede definir la I+D interna al trabajo creativo realizado en forma sistemática, es decir, no ocasional, con el objetivo de generar un nuevo conocimiento (científico o técnico), o bien el aplicar o aprovechar un conocimiento ya existente o desarrollado por otro. Dentro de la I+D pueden distinguirse tres grandes categorías:

- La investigación básica: generar un nuevo conocimiento más bien abstracto o teórico dentro de un área científica o técnica, en sentido amplio, sin un objetivo o finalidad fijada de forma previa

- La investigación aplicada: generar un nuevo conocimiento teniendo desde un principio la finalidad o destino al que se desea arribar

- El desarrollo experimental: fabricación y puesta a prueba de un prototipo, es decir, un modelo original o situación de examen que incluye todas las características y desempeños del nuevo producto, proceso o técnica organizacional o de comercialización.

La creación de software se considera I+D implica el logro de avances científicos o tecnológicos. Cabe aclarar que las actividades de I+D no siempre se realizan en el ámbito de un laboratorio de I+D o de un departamento de I+D: muchas empresas que realizan actividades innovadoras, en especial medianas y pequeñas, no poseen estructuras formales de I+D.

De acuerdo con lo anterior, es necesario identificar las actividades de I+D que se realizan sin una estructura formal. Por ejemplo, si un grupo de ingenieros de la empresa, que se desempeñan en la misma área o en distintas, se reúnen todos los viernes por la tarde para pensar, consultar bibliografía, experimentar y/o probar distintas formas de incrementar el rendimiento o precisión de cómo se mezclan las sustancias químicas en esta actividad deberá ser considerada como un proceso de I+D no formal.

La única restricción para que una actividad que tiene como finalidad generar nuevos conocimientos sea considerada I+D es que se realice de forma no ocasional, es decir, sistemáticamente.

Por otra parte, la I+D externa es el trabajo creativo que no se realiza dentro de la empresa o con personal de la empresa; encargándoselo a un tercero. Mediante la contratación o financiación de un grupo de investigadores, institución o empresa, debe existir un acuerdo que explicite los resultados esperados del trabajo, los cuales serán de propiedad, total o parcial, de la empresa.

Para realizar actividades de I+D, la empresa debe destinar parte de su presupuesto para producción; además, requiere de un grupo determinado de personas dedicadas a la investigación de nuevas tendencias, nuevas metodologías, nuevos sistemas, entre otro tipo de temáticas que le permitan desarrollar elementos novedosos.

Los departamentos de I+D requieren en la mayoría de los casos de personal con un grado de especialización en la actividad a la que se dedica la empresa, de sus mercados y su industria. Esto permitirá focalizar los esfuerzos y, así como el conocimiento nuevo, en aspectos estratégicos para la empresa.

Aun cuando las actividades de I+D tengan un carácter ocasional, la inversión que requiere puede representar un monto relativamente alto para las empresas en tanto deba velar por el pago de salarios del personal especializado para investigar, los procesos de experimentación y prueba del proyecto nuevo, además de la ejecución de los resultados.

¿Cómo lograr que las actividades de I+D puedan ser más inclusivas? Estas actividades tienden a limitar la participación del personal que no cuente con ciertas capacidades previas. Además, requiere de un monto de inversión del que no todos los empresarios disponen, lo cual hace que se excluya a muchos de ellos de sus posibles beneficios.

Lograr las actividades de I+D se conviertan en procesos más inclusivos va a depender del sistema de innovación al que se acoja la empresa; recalcando nuevamente la importancia de las vinculaciones con otros agentes socioeconómicos.

En la siguiente figura se resumen algunas de las propuestas para lograr que aumente el número de empresas que se involucran en actividades de I+D:

Figura 9. ¿Cómo lograr involucrarse en actividades de I+D?

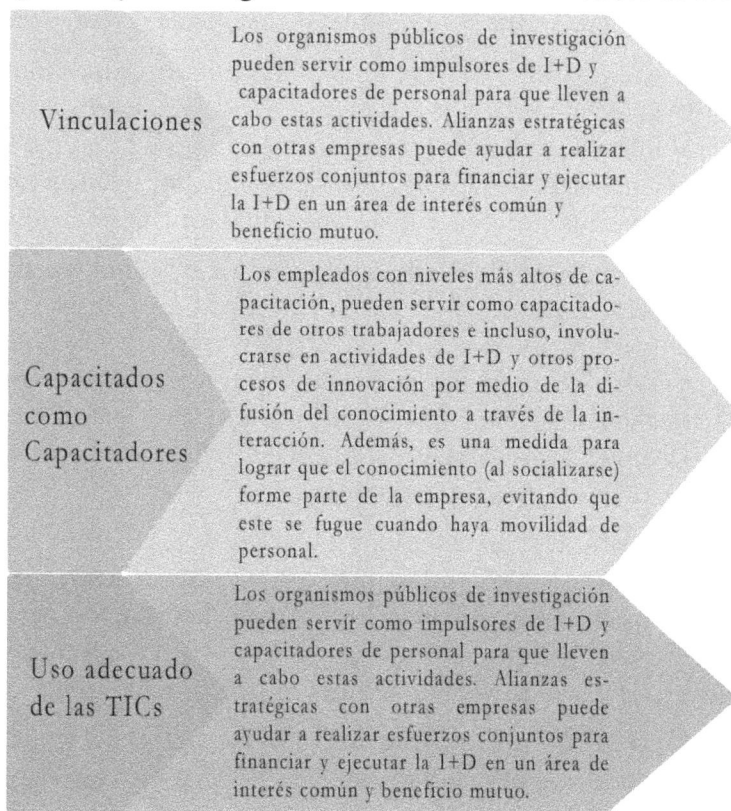

Vinculaciones	Los organismos públicos de investigación pueden servir como impulsores de I+D y capacitadores de personal para que lleven a cabo estas actividades. Alianzas estratégicas con otras empresas puede ayudar a realizar esfuerzos conjuntos para financiar y ejecutar la I+D en un área de interés común y beneficio mutuo.
Capacitados como Capacitadores	Los empleados con niveles más altos de capacitación, pueden servir como capacitadores de otros trabajadores e incluso, involucrarse en actividades de I+D y otros procesos de innovación por medio de la difusión del conocimiento a través de la interacción. Además, es una medida para lograr que el conocimiento (al socializarse) forme parte de la empresa, evitando que este se fugue cuando haya movilidad de personal.
Uso adecuado de las TICs	Los organismos públicos de investigación pueden servir como impulsores de I+D y capacitadores de personal para que lleven a cabo estas actividades. Alianzas estratégicas con otras empresas puede ayudar a realizar esfuerzos conjuntos para financiar y ejecutar la I+D en un área de interés común y beneficio mutuo.

ACTIVIDAD IV: JUEGO DE ROLES ¿CÓMO CREAR UN SISTEMA DE INNOVACIÓN?

El cuarto módulo de este manual, se dedicó a presentar la importancia de crear vínculos con otros agentes para establecer un sistema de innovación que genere esa cultura innovadora en la sociedad. Esas vinculaciones, además, permiten impulsar y aprovechar el uso de otras herramientas que permiten gestionar la innovación como lo son las actividades de I+D y el uso adecuado de las TICs. En la siguiente actividad, los participantes tomarán roles específicos para discutir y descubrir el 'cómo' vincularse con los otros, pero, además, podrán identificar los posibles beneficios de esa interacción.

Los participantes del taller se dividirán en tres grupos preferiblemente de igual tamaño y a cada uno se le asignará el rol de un agente: empresarios, clientes y universidades. Los tres grupos asumirán que existe una desconexión entre los agentes por lo que tendrán que crear estrategias de vinculación que impulsen la innovación.

- **Empresarios**: Deberán plantear formas de cómo vincularse con las universidades tomando en consideración sus condiciones actuales. Tendrán que definir claramente los objetivos de la vinculación y el cómo llevarla a cabo. Asimismo, deberán velar por los mecanismos a utilizar para 'abrir su empresa' a los clientes y considerar sus demandas para convertirlas en posibles innovaciones.

- **Clientes**: El grupo que adopte el papel de los clientes, deberá identificar las debilidades que ellos mismos encuentren en sus empresas actuales y tendrán que valorar, además, los mecanismos que las empresas expongan para conocer sus demandas y explicar por qué –como clientes– las utilizarían o no.

- **Universidades**: Este último grupo deberá plantear diversas opciones según lo estudiado, para vincularse con los empresarios, pero que a su vez representen opciones potenciadoras de innovaciones.

APARTADO ADICIONAL

Gestionar la Innovación y el Desempeño Ambiental

Una de las principales razones por las cuales las empresas deciden involucrarse en procesos de cambio y mejora en la producción y comercialización de sus bienes y servicios, es la protección y conservación del medio ambiente. Por lo tanto, las actividades en torno al cambio de prácticas más amigables con el ambiente, corresponde a una variable de desempeño, la cual debe estar incorporada dentro de quehaceres de la gestión de la innovación.

¿Cómo pueden las empresas gestionar mejoras de su desempeño ambiental? El primer paso para iniciar estos procesos es el de conocer los impactos que las empresas están generando sobre el medio ambiente. El informarse sobre cómo alteran ciertas actividades productivas en las que se involucran las empresas sobre el medio ambiente, representa una forma de valorar los impactos que las actividades pueden estar generando y, por ende, comenzar en la búsqueda de diversas soluciones.

Otra información clave que incide en la decisión de las empresas por mejorar su desempeño ambiental, es la opinión de los clientes. El comportamiento de los consumidores ha evolucionado hacia una mayor consciencia ambiental, lo que los ha vuelto mucho más exigentes con las empresas en sus procesos productivos y en los materiales que utilizan en sus productos. Es por ello, que un buen manejo para la reducción de los impactos negativos que se puedan generar sobre el medio ambiente, representan un factor clave para mantener –o bien incrementar– el número de clientes que compran los bienes y servicios.

Una vez detectados los posibles impactos que estén generando las actividades productivas, se debe conocer el 'cómo' cambiar o mejorar la producción de un determinado bien o servicio, lo que implica conocer, cuánto se deberá invertir para mejorarlo. Muchos de los obstáculos en las empresas para mejorar los procesos productivos en pro del medio ambiente, son los difíciles accesos a tecnologías más limpias, ya sea por su alto costo, su inexistencia en el mercado local o bien, por ser tecnologías protegidas por patentes y derechos de propiedad intelectual. Aquí es donde entra en juego la dinámica innovadora de las empresas a través de innovaciones incrementales: cambios pequeños pero significativos en los procesos que ayuden paulatinamente a mejorar el desempeño ambiental de la empresa, como, por ejemplo, utilización de insumos menos nocivos para el ambiente (detergentes, pesticidas, agroquímicos), programas de reciclaje a lo interno de las empresas, uso responsable del recurso hídrico y la electricidad, entre otros.

Por último, es importante que las empresas conozcan los posibles beneficios económicos que pueden obtener por involucrarse en actividades más responsables con el medio ambiente, en aras de que los costos que representen estos cambios, puedan ser visto más bien como inversiones a plazo. Como se mencionó anteriormente, no solo se pueden atraer más clientes a través de una mejor imagen empresarial, sino que además las mejoras del desempeño ambiental, pueden significar reducciones de costos (por un manejo más eficiente de los recursos) y la obtención de certificaciones ambientales que brinden ciertos beneficios (privilegios y prestigios) a las empresas y sus determinados productos ofrecidos.

Figura 10. Conocimiento para la Mejora del Desempeño Ambiental

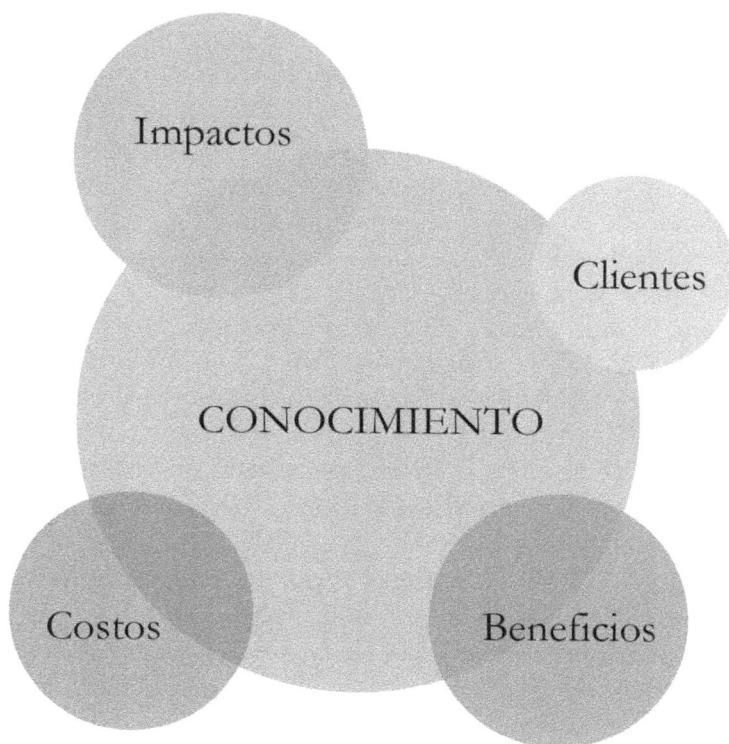

ACTIVIDAD ADICIONAL: ¿CÓMO AFECTO EL MEDIO AMBIENTE?

📹 Luego de la presentación de este apartado adicional, se presentará un fragmento del video "Nuestro Ambiente: La Gestión de la Innovación", donde se expondrán casos que ejemplifican la gestión de la innovación en actividades que mejoran el desempeño ambiental de las empresas. Además, la actividad se complementará con una discusión abierta entre los participantes al taller, con el objetivo de hacer consciencia sobre los posibles impactos que las actividades productivas puedan estar generando sobre el medio ambiente, así como también se propondrán sus posibles soluciones.

BIBLIOGRAFÍA

Arocena, R. y Sutz, J. (2002). *Sistemas de Innovación y Países en Desarrollo*. Universidad de la República de Uruguay. SUDESCA.

Asociación de la Industria Navarra, AIN. (2008). *Guía Práctica: La Gestión de la Innovación en Ocho Pasos*. Agencia Navarra de Innovación, ANAIN. Pamplona, Navarra.

Chan y Mauborgne (2000). *Knowing a winning idea when you see one*. Harvard Business Review.

Cozzens, S. And Sutz, J. (2012). *Innovation in Informal Settings: A Research Agenda*. Program on Innovation for Inclusive Development (IID) of the Canadian International Development Research Centre (IDRC).

Edquist, C. (Ed.) (1997). *Systems of Innovations: Technologies, Institutions and Organizations*. Wiltshire, UK: John de la Mothe Series Editor.

Freeman. C. (1987). *Technology Policy and Economic Performance: Lessons from Japan*. London: Pinter, Publisher.

Gregersen B., Johnson B. (2001). *Learning Economy, Innovation Systems and Development*. Aalborg University, Denmark. Working Paper.

Johnson, B. and B. Å. Lundvall (2003). *National systems of innovation and economic development.*13-28. Aalborg University, Denmark. Working Paper.

Lam, Alice. (2002). *Alternative Societal Models of Learning and Innovation in the Knowledge Economy*. DRUID. Working paper.

Lam, A. (2012). *Innovative organizations: structure, learning and adaptation*. Innovation Perspectives for the 21st Century, Madrid: BBVA, Spain, pp.163-175.

Lundvall, B.-Å. (Ed.) (1992). *National Systems of Innovation: Towards a Theory of Innovation and Interactive Learning*. London: Pinter Publishers.

Lundvall, B.-Å. (Ed.) (2002). *Growth Innotavion and Social Cohesion: The Danish Model*. Elgar Publisher.

Lundvall, B. Å. (2010). *National systems of innovation towards a theory of innovation and interactive learning*. Anthem Press.

Nelson, R. (1993). *National Innovation Systems: A Comparative Analysis*. Illinois: Columbia University.

OECD & European Communities (2012). *Oslo Manual: Guidelines for Collecting and Interpreting Innovation Data*. Oficina de Estadística de las Comunidades Europeas (EUROSTAT) y la Organización para la Cooperación y el Desarrollo Económicos.

Orozco, J. (2004). *Innovation and performance improvements in the Co-operative sector: Costa Rica*. PhD. Thesis. Aalborg University, Denmark.

Paunov, C. (2013). *Innovation and Inclusive Development: A Discussion of the Main Policy Issues*. OECD Science, Technology and Industry Working Papers, 2013/01, OECD Publishing.

Ruiz, K. (2007). *Costa Rica as a Learning Economy: An Exploratory Study of Competence-Building and the Significance of Labour Relations and Labour Market Institutions*. PhD. Thesis. Aalborg University, Denmark.

Ruiz, K. y Diercksens, M. (2010). *Labor Market Institutions and the Learning Economy in Central America*. En Systems of Innovation and Development: Central American Perspectives. Editorial EUNA, Costa Rica.

Schumpeter, J.A. (1934). *The Theory of Economic Development: An Inquiry into Profits, Capital, Credit, Interest, and Business Cycle*. Cambridge, MA: Harvard University Press.

Von Hippel, E. (2005). *Democratizing Innovation*. Cambridge, MA, MIT Press.